ACHILLE A SCYROS,

BALLET-PANTOMIME,

EN TROIS ACTES,

PAR M. GARDEL,

Maître des Ballets de Sa Majesté Impériale, Chef de la Danse de l'Académie Impériale de Musique, et Membre de la Société Philotechnique;

Représenté pour la première fois, sur le Théâtre de l'Académie Impériale de Musique, le 27 frimaire an 13, et remis le 1er. décembre 1812.

La plus grande partie de la Musique est de M. CHERUBINI.

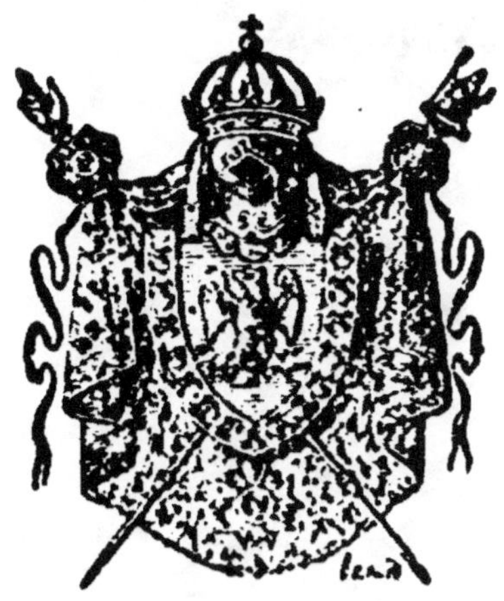

A PARIS,

Chez BALLARD, Imprimeur de l'Académie Impériale de Musique, rue J. J. Rousseau, n°. 8.

1812.

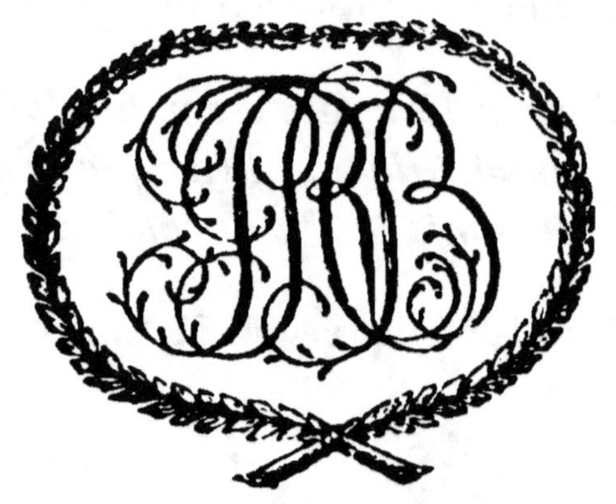

PERSONNAGES.

	ACTEURS.
THÉTIS, fille du Ciel et de la Terre, épouse de l'Océan et mère d'Achille,	Mlle. *Ve. Saulnier.*
ACHILLE, fils de Thétis et de Pélée, élève du centaure Chiron,	M. *Albert.*
LYCOMÈDE, Roi de l'île de Scyros,	M. *Milon.*
DÉIDAMIE, l'une des filles de Lycomède,	Mme. *Gardel.*
ULYSSE, Roi d'Ithaque,	M. *Mérante.*
DIOMÈDE, Prince grec,	M. *Elie.*

SŒURS DE DÉIDAMIE.

Mlles. CHEVIGNY, DELISLE;

Saulnier, Gaillet, Courtin, Fanny, Félicité, Gosselin l'aînée, Mareslié cadette, Marinette.

COMPAGNES DES PRINCESSES.

Mlles. Adélaïde, Lequine, Eulalie, Virginie,
Guillet, Naderkor, Delphine, Narcisse,
Flieger, Bertin, Angeline, Pierret l'aînée.

NYMPHES DE LA SUITE DE THÉTIS, ET PRÊTRESSES DE BACCHUS.

Mlles. JACOTOT;

Dejazet, St.-Léger, Letellier, Lily, Darmancourt, Laurence, Proche, Ferette.

PRINCES DE LA COUR DE LYCOMÈDE.

MM. Michel, Galais, Pouillet, Louis, Courtois, Leblond.

GUERRIERS.

MM. Anatole,
Leuillier, Seuriot cadet,
Bense, Louis;

Goyon,
Maze, Guillet,
Rivière, Pupet.

MM. Mont-Joie,
Godefroy, Petit,
Verneuil, Lenfant;

Élie,
Romain, Beauglain,
Chatillon, Pouillet.

AMAZONES.

Mlles. Clotilde, Bigottini;

Jacotot, St.-Léger, Dejazet, Darmancourt, Lily, Laurence, Dupuis, Tellier, Proche, Podevin, Ferette, Baudesson.

L'Amour, Mlle. *J. Berri.*
L'Hymen, M. *Leblond.*

Les Jeux, les Plaisirs, les Ris et toutes les Divinités.

Soldats grecs.

La scène est à Scyros.

ACHILLE A SCYROS.

ACTE PREMIER.

Le Théâtre représente un port de l'île de Scyros. Sur la gauche et au fond, on voit le portique d'un temple de Minerve. Sur le devant et à droite, est l'entrée du palais de Lycomède. Des rochers forment au fond une espèce de pont, sous lequel passe un bras de mer; et le haut du pont conduit à des bosquets consacrés à Bacchus.

SCÈNE PREMIÈRE.

L'OUVERTURE se termine par un mouvement de marche agréable et religieuse. La toile levée, on voit entrer dans le temple de Minerve les filles de Lycomède, qui vont présenter leurs offrandes à la déesse de la Sagesse et des Arts. A mesure qu'elles pénètrent dans le sanctuaire de ce temple, les sons s'amortissent; et ils s'éteignent entièrement lorsque les portes se ferment.

SCÈNE II.

Un doux et léger murmure succède aux sons agréables de cette marche. Le char de Thétis, passant sous le pont de rochers, et gagnant le rivage, laisse voir le jeune Achille livré aux douceurs du sommeil : sa mère et quelques Nymphes de sa suite le contemplent avec attendrissement et s'invitent au silence. Lorsque le char est arrêté, Thétis en descend si légèrement, que ses pieds divins semblent à peine effleurer la terre, et ses compagnes cherchent à l'imiter. Thétis leur dit de parcourir les environs de ce rivage, et de venir lui rendre compte des observations qu'elles auront pu faire. Les Nymphes se dispersent de tous côtés, et tandis qu'elles gravissent les rochers et les montagnes, Thétis adresse ses vœux au Ciel, ses prières aux Dieux, au rivage, aux échos, en les suppliant de veiller sur le précieux dépôt qu'une mère tendre est prête à leur confier, et de ne jamais trahir son secret. Thétis sent couler ses larmes : les Nymphes de sa suite accourent pour la consoler; mais elles s'attendrissent plutôt elles-memes qu'elles ne consolent la sensible Thétis.... Un soupir d'Achille annonce son réveil; Thétis, qui l'entend, s'éloigne avec vivacité, et cherche à cacher les larmes qu'elle répand. Achille ouvre ses paupières et jète autour de lui des regards surpris; tout ce qu'il voit lui paraît nouveau. En vain il cherche les lieux qui lui ont servi de berceau; la Thessalie, Pélion, Ossa, son gouverneur Chiron, ses coursiers, ses armes; enfin sa mère se présente à lui. Achille accable Thétis de questions; elles tendent toutes à savoir par quel miracle il se trouve dans ces lieux inconnus? Thétis, embarassée, ne sait comment s'y prendre pour annoncer à son fils le malheur qui plane sur sa tête; son embarras et les larmes qui s'échappent de ses yeux, augmentent l'impatience du bouillant Achille. Thétis, vivement pressée par son fils, le prend par la main, et après l'avoir mené devant le temple de Pallas, elle lui fait lire cette inscription qui paraît sur un nuage :

Tu peux choisir, Achille, ou beaucoup d'ans sans gloire,
Ou peu de jours, suivis d'une longue mémoire.
(*Racine.*)

Son choix est fait : Achille part précipitamment, Thétis, désespérée, l'arrête et le conjure d'épargner une mère tendre, qui ne peut être heureuse si la mort frappe un fils qu'elle adore. Achille hésite, son amour pour sa mère partage celui de la gloire ; Thétis le presse : il paraît encore incertain ; mais sa mère, se jettant à ses genoux en fondant en larmes et en lui tendant les bras, le décide enfin à lui promettre l'obéissance qu'elle lui demande. Thétis embrasse son fils de toutes les forces de son ame. Achille desire savoir comment il peut éviter ce que sa mère redoute. Thétis craint le moyen qu'elle va proposer; elle connaît l'impétuosité de l'éléve de Chiron, et c'est avec le plus grand ménagement qu'elle lui fait présenter, par ses Nymphes, les vêtemens qui caractérisent le sexe féminin. L'indignation d'Achille éclate. Quoi!.. cacher sa valeur sous les habits d'un sexe faible et timide! Achille repousse tout avec mépris. Thétis insiste, elle veut faire agir l'autorité maternelle. Achille fuit, il ne connaît plus Thétis, il gravit les rochers; sa mère le suit, l'atteint au sommet, et faisant une dernière tentative, elle lui ordonne de souscrire à son desir; mais Achille, hors de lui-même, fait voir qu'il se précipitera dans les flots plutôt que de consentir à cette déshonorante proposition.

SCENE III.

Thétis fait une courte prière aux Dieux, et l'on voit l'Amour descendre et planer sur la tête d'Achille, au moment où le temple de Minerve s'ouvre, et où Déidamie en sort, suivie de ses compagnes. Elles rentrent ainsi dans le palais de Lycomède.

SCÈNE IV.

Achille a vu Déidamie. Achille alors n'est plus ce jeune impétueux, rebelle aux volontés de sa mère ; c'est un fils soumis et docile ; son cœur, son ame et ses yeux suivent la belle Déidamie, et sa main ne repousse que faiblement ce qui lui faisait horreur un instant avant. Thétis voit, avec l'enthousiasme d'une mère tendre, le changement qui s'opère dans le cœur d'Achille. Elle s'approche de lui, et elle lui demande avec finesse, s'il trouve bien pénible de passer quelques tems avec ces jeunes beautés ? de se mêler à leurs jeux ? Achille rougit, se tait ; et ce silence exprime fortement les effets de l'amour. Enfin, sans s'en apercevoir, Achille se laisse attacher sur les épaules, sur les bras et sur la tête, les divers ornemens que Thétis y place, et l'élève de Chiron paraît être celui des Grâces. Achille entièrement sous les vêtemens féminins, marche à grands pas vers le palais de Lycomède : Thétis s'empresse de l'arrêter, et de lui faire sentir sa faute ; elle lui enseigne les mouvemens doux, aimables, coquets et gracieux, que nécessite le rôle qu'il va jouer ; elle lui fait encore mille fois la prière de bien cacher et son sexe et sa naissance ; ensuite elle le serre dans ses bras, lui prodigue les baisers les plus tendres ; et montée sur son char, accompagnée de ses Nymphes, elle part, en versant un torrent de larmes.

SCENE V.

ACHILLE resté seul se livre d'abord à la vivacité de sa passion, et court aux portes du palais ; mais... quelques idées viennent l'arrêter : sa conduite l'inquiète, son déguisement l'indigne, il ne sait encore comment il a pu partager la pusillanimité de sa mère : serait-ce amour ? serait-ce lâcheté ? cette pensée l'irrite au point qu'il est prêt à jetter loin de lui ses vêtemens honteux.

SCENE VI.

Mais Déidamie, ses sœurs, et toutes les femmes de la cour de Lycomède, vêtues en espèce de Bacchantes, sortent du palais pour voler aux bois consacrés à Bacchus, et pour célébrer la fête de ce Dieu. Achille alors n'a plus aucun doute sur les divers sentimens qu'il éprouve; c'est bien l'amour qui agit et qui l'excuse : il se présente avec l'air le plus timide, ses yeux, si superbes et si fiers un instant avant, deviennent doux et tendres en voyant la charmante Déidamie : il se prosterne devant les princesses, il demande l'hospitalité, et la faveur d'être admis à leurs jeux. Déidamie paraît enchantée; cependant elle n'ose, sans l'aveu de son père, recevoir une étrangère parmi les princesses. Elle fait inviter Lycomède à se rendre près de ses enfans. Quelques femmes obéissent. Les princesses admirent la jeune étrangère : sa taille, ses traits nobles, sa belle chevelure, tout les frappe, et elles semblent desirer un regard; mais la jeune étrangère ne voit que Déidamie.

Un seul geste, un seul mot, un sourire, un coup-d'œil;
Tout devient pour Achille un dangereux écueil.

(Traduction de MÉTASTASE,
par Aug. de la Bouisse.)

Déidamie lui demande qui l'a amenée à Scyros? un naufrage, répond-elle. Toutes les princesses veulent faire de nouvelles questions à Achille, lorsque Lycomède paraît.

SCENE VII.

Il est précédé de quelques princes de sa cour. Déidamie lui présente cette jeune personne qui réclame les droits de l'hospitalité; elle cherche à intéresser son père au sort malheureux de cette étrangère; elle lui raconte son naufrage; elle fait remarquer à Lycomède toutes ses qualités, sa démarche fière, ses traits doux, sa longue et blonde chevelure, et sur-tout ses regards vifs et tendres : Lycomède accorde facilement à sa fille chérie la faveur qu'elle réclame avec tant de chaleur ; et l'élève de Chiron est admis aux jeux mystérieux des princesses de Scyros. Au moment où Achille veut se prosterner devant le roi, le son des instrumens invite les princesses à se rendre au lieu où doit se célébrer la fête de Bacchus. Déidamie prend la main d'Achille ; involontairement il la lui serre si fort, qu'elle ne peut se défendre d'un mouvement qui peint la douleur qu'elle ressent. Achille s'empresse de faire des excuses à la belle Déidamie, qui pardonne aussi-tôt ; et se réunissant à ses compagnes, elles partent toutes en bondissant et en jettant le cri d'*Evoé*. Elles passent ainsi et sans ordre sur le pont de rochers, et avant d'entrer dans les bosquets du dieu qu'elles vont fêter, elles font leurs adieux à Lycomède. Le roi jouit de la gaîté de ses filles, et rentre dans son palais.

(Le théâtre change et représente les bosquets consacrés à Bacchus, l'entrée est au sommet d'une montagne très-élevée. L'effigie du dieu est placée au milieu de la scène. Des allées terminées par des grouppes de statues, des fontaines d'où découle du vin, des ruisseaux de cette liqueur, des lits de gazon, de pampre et de vignes ornent ce lieu mystérieux.)

SCÈNE VIII.

DES prêtresses de Bacchus parcourent les différentes allées pour s'assurer si quelques profanes ne se sont point introduits dans ce sanctuaire sacré ; ensuite elles offrent en sacrifice à la divinité de ce lieu, l'animal qui lui est consacré (1). A l'instant où la victime reçoit le coup mortel, on entend des sons éloignés, ils augmentent progressivement, et font reconnaître le cortège bacchique.

---

(1) Un Bouc.

SCÈNE IX.

Les filles de Lycomède et leurs compagnes, ayant à leur tête le fils de Thétis, descendent les différens détours de la montagne, en bondissant et en frappant en cadence sur leurs instrumens. Elles entourent la statue, la victime, et peignent par leurs danses, le délire de ces femmes cruelles qui écorchèrent Orphée. Achille se fait remarquer par la vigueur des pas qu'il forme : les princesses veulent l'imiter; elles n'écoutent que leur ardeur sans consulter leurs forces ; elles dansent, elles sautent, elles bondissent ; mais la fatigue s'empare d'elles ; leur ardeur diminue ; le bruit s'appaise ; la bruyante danse n'est plus qu'une languissante promenade ; les instrumens ne se font plus entendre que pour prouver la faiblesse de celles qui les font résonner ; et le plus profond silence succède au plus grand bruit. Enfin, le sommeil vient s'emparer de toutes les nouvelles Bacchantes ; elles se répandent dans les diverses allées, sous les bosquets, et les gazons leur servent de lits. Déidamie même n'a pu résister à tout l'excès de sa lassitude, elle a fermé ses paupières, et ses bras se tendent vers son amie. Enfin, tout annonce que Morphée a répandu ses pavots sur toute la nature.... Mais Achille veille ; mais Achille, jeune, bouillant, amoureux, mais vertueux, se voit livré à toutes les sensations que doit lui procurer un aussi voluptueux instant. L'amour, la crainte, l'honneur, la témérité se livrent un combat dans son cœur, et l'incertitude le tourmente. Que fera-t-il ? abusera-t-il du moment qui lui livre celle qu'il adore ? Non, ce vil moyen est indigne d'une ame telle que la sienne : avouera-t-il et son sexe et son amour ? il y paraît décidé ; mais la timidité, ordinaire à son âge, le retient ; cependant il s'approche de Déidamie ; son œil avide parcourt tous les charmes qu'un heureux désordre lui laisse apercevoir ; ce pied mignon, cette taille charmante; tout l'enchante, le transporte; il peint l'agitation de la plus ardente passion; sa main tremblante se lève vingt fois pour prendre celle de la charmante Déidamie, et vingt fois la crainte le retient; cependant l'amour le contraint à des mouvemens si violens, que Déidamie se réveille. Son premier soin est de se jetter dans les bras de sa compagne avec la confiance de l'innocente amitié; Achille la reçoit, au contraire, avec le feu d'un amour coupable. Ses jambes tremblent, son cœur bat violemment, ses yeux pétillent. Déidamie ne sait à quoi attribuer ce qu'elle prend pour une frayeur; elle presse son amie de lui dire ce qui semble l'agiter : Achille refuse, hésite; mais Déidamie prie, et rien ne retient plus le bouillant fils de Thétis; il se précipite aux pieds de Déidamie, il lui fait l'aveu de sa ruse, de son sexe, de sa naissance, de son amour. Déidamie, confuse, tremblante, étonnée, fuit égarée; mais Achille, jeune et léger, ne tarde point à la rejoindre ; il la prend, la serre dans ses bras, l'enlève et lui ravit un baiser. Déidamie lance un tel cri, que toutes ses compagnes se réveillent. Elle gravit la montagne en repoussant Achille, par des gestes qui peignent toute son indignation. Achille la suit. Les princesses voyant Déidamie et l'étrangère repasser la montagne, en prennent le chemin, et sortent par l'endroit où elles sont entrées.

Fin du premier acte.

ACTE SECOND.

Le théâtre représente un salon destiné aux toilettes des filles de Lycomède.

SCENE PREMIERE.

DÉIDAMIE, dans le plus grand désordre, fuit devant Achille qui la poursuit. Elle fait à ce Prince les plus vifs reproches. Elle l'accable d'imprécations, et les larmes de la pudeur échappent de ses yeux. Achille ne néglige rien pour appaiser sa chère Déidamie ; protestations d'amour, de fidélité, de constance... Il prend les dieux à témoins de la vérité de ses sermens, et il se jète aux pieds de la princesse émue, pour lui jurer à la face du ciel une tendresse éternelle ; mais comme il entend les sœurs de Déidamie, il se relève précipitamment.

SCENE

SCÈNE II.

Toutes les princesses, vêtues d'une manière légère et galante, viennent en ce lieu pour achever leurs parures, afin de se présenter à la cour. Des suivantes apportent de riches tuniques, des guirlandes, des diamans et tout ce qui peut ajouter de l'éclat à la beauté. Des grouppes variés annoncent les différentes nuances de la coquetterie, et la gaîté préside à ces toilettes. Déidamie seule ne la partage pas, et celle d'Achille n'est qu'empruntée; l'on apporte, à la jeune étrangère, des vêtemens plus riches que le siens: Achille veut s'en parer, mais il les met sans dessus dessous. Déidamie s'en aperçoit et s'empresse de réparer la faute qu'Achille vient de commettre; quelques-unes des sœurs de Déidamie se joignent à elle pour présider à la toilette de la nouvelle compagne. Chacune voudrait être remarquée d'Achille; mais Achille a toujours les yeux sur Déidamie. Deux princesses, plus promptement parées que les autres, dansent et forment quelques grouppes avec une couronne de fleurs en cherchant à la placer d'une manière agréable; enfin, les toilettes étant terminées, les princesses prennent Achille par la main et partent pour l'appartement du roi. Déidamie ne les suit pas; Achille le fait remarquer aux princesses qui l'appèlent : Déidamie fait entendre qu'elle ne tardera pas à les rejoindre. Achille veut rester aussi, il fait ses efforts pour s'échapper; mais un geste de Déidamie l'arrête, et les princesses l'entraînent.

SCENE III.

L'INFORTUNÉE Déidamie, seule, se livre à son chagrin; les remords déchirent son cœur : l'outrage fait à sa vertu se présenté sans cesse à sa pensée, et ses gestes annoncent l'excès du désespoir; l'horreur qu'elle se fait à elle-même ne lui fait que trop sentir qu'il n'est plus pour elle de bonheur au monde. Elle réfléchit sur le parti qu'elle doit prendre dans la cruelle situation où elle se trouve : fuira-t-elle le palais paternel pour se soustraire à tous les yeux? non : la mort seule peut mettre un terme à sa honte ; peut-elle d'ailleurs se montrer à son père? non, jamais. Elle se décide à terminer ses jours, et elle veut partir pour exécuter ce projet.

SCÈNE IV.

LYCOMÈDE paraît, en ce moment ; inquiet de sa chère Déidamie, il vient au devant d'elle et lui tend les bras. Déidamie, qui ne s'attendait pas à cette surprise, reste anéantie ; ses bras tombent, ses yeux se fixent et se mouillent de larmes. Lycomède ne conçoit rien à l'espèce de confusion que montre sa fille ; il la questionne, la rassure, la serre dans ses bras et lui dit :

Versez tous vos chagrins dans le sein paternel.

(De Stratonice.)

Déidamie reste toujours dans la même position; son sein palpite, elle n'ose élever ses regards jusqu'à ceux de son père; la honte est dans ses yeux, un embarras extrême se répand sur sa personne, et l'incertitude se fait sentir dans tous ses mouvemens; enfin, après un instant de réflexion, elle se détermine à tout avouer à son père, et elle se jète à ses pieds.

SCÈNE V.

Achille, rappellé par son amour, retourne sur ses pas, et voit le parti que Déidamie est prête à prendre. Sa crainte est extrême : il sent qu'il est perdu si Déidamie parle; et à l'instant où elle se détermine à avouer son crime, Achille se place derrière le roi, afin de n'en être point aperçu; mais se faisant voir de Déidamie, il se jète à genoux en la suppliant de ne pas le perdre. Déidamie se relève et s'arrête, le roi se retourne, et Achille se prosterne. Lycomède voyant la jeune étrangère, interprète et approuve même le silence de Déidamie ; cependant son air doux et modeste lui donne de la confiance, et il dit à sa fille qu'elle peut parler devant elle. Achille, feignant craindre de commettre une indiscrétion, propose de se retirer.... Lycomède s'y oppose et veut que sa fille fasse finir son état de perplexité. Déidamie est dans une position qui ne peut se peindre ; si elle se tait, elle manque à son père ; si elle parle, elle perd son amant.

SCÈNE VI.

Ici un bruit de trompette se fait entendre et l'on vient avertir Lycomède, que des Grecs débarqués dans son île, demandent une audience. Cet incident frappe Déidamie d'une manière bien sensible ; la crainte seule, maintenant, s'empare de son cœur ; ses yeux sont fixés sur Achille : les siens fixent la gloire, et il ne peut se défendre d'un mouvement qui décèle l'élève de Chiron, ou qui fait pressentir le vainqueur d'Hector. Lycomède donne l'ordre de faire avancer les Grecs, et il prie Achille de dire à ses filles de se préparer à recevoir les étrangers d'une manière digne d'eux et du roi de Scyros. Achille est fort embarrassé, il craint de laisser Déidamie seule avec son père. Lycomède cependant réfléchit et cherche le motif qui peut guider ces étrangers dans ses états. Achille profite de ce moment pour conjurer Déidamie de se taire; il lui demande si elle ne sent pas la conséquence d'un mot indiscret? Déidamie d'un regard lui fait bien voir qu'elle la sent parfaitement, et alors Achille sort enchanté.

SCÈNE VII.

DÉIDAMIE, oubliant la présence de son père, suit son amant par un mouvement involontaire. Lycomède la retient pour l'interroger de nouveau sur le sujet de son affliction; mais Déidamie est bien changée ; ce ne sont pas les mêmes motifs qui la conduisent. Un instant avant, la haine la forçait à révéler son secret ; maintenant l'amour la contraint à se taire. Lycomède fait agir tour-à-tour et la douceur et l'autorité ; mais Déidamie n'écoute plus, et ne voit plus que le danger de son amant. Elle part, et Lycomède la suit.

(*Le théâtre change et représente une vaste galerie du palais de Lycomède ; un trône est élevé sur la gauche, et les colonnades forment au fond une entrée, par laquelle doivent défiler les troupes.*)

SCENE VIII.

ON entend les sons agréables des instrumens les plus doux, et bientôt on voit paraître toute la cour de Lycomède. Le roi se place sur son trône. Achille et les princesses passent devant lui, portant des flûtes, des haut-bois, des fifres, des lyres, différentes espèces de tambours, et elles se grouppent à ses pieds. Le reste du cortège se place du même côté. Déidamie, près d'Achille, cherche, autant qu'il lui est possible, à l'empêcher et de voir et d'être vu.

SCENE IX.

A cette marche gracieuse succède une marche guerrière et terrible ; les clairons et les trompettes des Grecs remplacent les flûtes et les haut-bois des Princesses de Scyros. Ulysse et Diomède, portant des branches d'olivier, se font précéder et suivre d'une foule de guerriers qui portent eux-mêmes des lauriers attachés à leurs lances, à leurs boucliers, à leurs trophées. Ils passent ainsi devant la cour de Lycomède, et se placent du côté opposé. Ulysse et Diomède sont seuls au milieu du salon. L'armée présente les armes à Lycomède. Ulysse et Diomède se prosternent, et Lycomède et sa cour saluent les Grecs. Achille seul reste droit, les yeux sur ces guerriers, sur ces armes, sur ces trophées... Déidamie qui le voit, le force à se prosterner. Ulysse porte partout ses regards pénétrans, et cherche à découvrir celui qui est l'objet de son voyage. Lycomède demande aux Grecs ce qu'ils peuvent desirer de lui? Ulysse répond qu'il est député par toute l'armée grecque, qui doit venger l'affront fait à Ménélas, pour recueillir le contingent des rois; alors il donne un ordre, et l'on voit entrer un peloton de soldats, dont l'un porte une enseigne sur laquelle on lit :

GUERRE AUX TROYENS.

Un second peloton suit, et l'on lit sur son enseigne :

LA VICTOIRE NOUS ATTEND.

Sur la troisième :

HONTE AU LACHE.

Enfin, sur la quatrième enseigne on distingue :

L'ORACLE VEUT ACHILLE.

Qu'on se peigne les différentes sensations que pendant cette cérémonie Achille doit éprouver, et l'on aura une idée des efforts que fait la tendre Déidamie pour les soustraire à tous les yeux. Cependant ceux d'Ulysse sont difficiles à tromper, et il a déjà fait remarquer à Diomède divers mouvemens qui l'ont frappé. Lycomède peint toute la part qu'il prend à cette juste guerre ; les regrets qu'il ressent de se voir privé, par le poids des années, d'y combattre lui-même, et, en montrant ses filles, il dit : Voilà ce que la nature m'a donné. . . Ulysse à l'instant même fait paraître un peloton d'Amazones qui portent les mots suivans sur leur enseigne :

LE COURAGE N'A POINT DE SEXE.

Mais Lycomède fait entendre qu'il ira plutôt chercher, devant les murs de Troie, une mort certaine que de livrer ses filles chéries au fer tranchant d'Hector. Ulysse et Diomède font un mouvement pour se retirer, mais le roi de Scyros leur offre l'hospitalité, et il les prie d'assister aux jeux que les princesses ont préparés en leur honneur; les Grecs acceptent, et Lycomède les fait asseoir sur son trône. La fête commence, toutes les princesses s'empressent à l'envi de l'embellir par leurs grâces, leurs charmes et par l'agrément des différens tableaux qu'elles forment entr'elles. Déidamie et Achille sont les seuls qui n'y prennent aucune part, et cette singularité est remarquée de Lycomède et du sévère observateur Ulysse. Déidamie s'apercevant à-propos que son amant et elle sont l'objet de leurs regards, prend vivement sa lyre; et saisissant le moment où les princesses forment un nouveau tableau, elle se groupe gracieusement au milieu; et par un air plein de douceur, d'amour et de volupté, elle peint ce qu'elle éprouve. Déidamie cherche, par ses regards, à arrêter les transports d'Achille; Achille de son côté les retient à peine. Lycomède verse des larmes de joie, et Ulysse fait remarquer à son compagnon, le trouble et l'agitation véhémens d'Achille. Déidamie, à qui l'amour donne autant d'yeux que d'attraits, voit le geste d'Ulysse : aussitôt elle court à son amant, lui donne sa lyre et l'engage à s'en servir. Achille obéit ; mais.... quels sons viennent frapper les oreilles attentives ! Est-ce une Nymphe ; ou n'est-ce pas Orphée lui-même ? non, c'est Mars peignant par ses chants belliqueux le combat des Géans contre les Dieux. Chacun fait un mouvement qui caractérise la surprise. Ulysse se lève spontanément, croyant avoir reconnu Achille ; mais la tremblante Déidamie, dansant et faisant danser autour d'Achille, détourne un peu les soupçons : dans l'espoir de les écarter tout-à-fait, elle force Achille à quitter sa lyre pour danser. Déidamie ne tarde pas à se repentir de son idée ; car la danse décidée, nerveuse et mâle d'Achille, confirme tellement les soupçons du roi d'Ithaque, qu'il descend du trône pour arrêter le fils de Thétis, lorsque Déidamie, appelant ses compagnes, les fait passer, toutes entrelacées, devant Ulysse, pour arrêter sa marche, et, profitant ce moment, elle entraîne Achille, en faisant signe à ses sœurs de la suivre. Ulysse, se croyant sûr de son fait, ne veut pas abandonner sa proie, il court après les princesses. Lycomède, qui l'arrête, l'engage à prendre quelque repos dans l'appartement qu'il lui a fait préparer. Ulysse, contrarié, réfléchit un instant, et finit par inviter Lycomède à venir, à son tour, jouir de la fête qu'il se propose de lui offrir sur ses vaisseaux. Lycomède accepte. Ulysse et Diomède rentrent dans leur appartement, le roi dans le sien, et les troupes défilent par le fond.

Fin du second Acte.

ACTE TROISIEME.

Le Théâtre représente une tente construite sur un des vaisseaux d'Ulysse. Cette tente est fermée vers le milieu.

SCÈNE PREMIÈRE.

ULYSSE et Diomède paraissent. Ils donnent des ordres à quelques officiers qui les suivent pour l'exécution de la fête qu'ils vont offrir au roi de Scyros; ensuite ils se communiquent mutuellement les observations qu'ils ont faites sur cette jeune fille qui n'a pu cacher les sensations martiales qu'elle éprouvait. Avez-vous vu cet air fier? avez-vous remarqué les sons belliqueux qui sortaient de sa lyre? ces positions nobles et hardies, qu'elle seule savait prendre? tout enfin jusqu'aux pas fermes et vigoureux qu'elle formait en dansant, semblait annoncer que ces vêtemens voluptueux ne convenaient point à son sexe. Mais comment faire pour en obtenir la certitude? Ulysse et Diomède y réfléchissent : bientôt l'adroit époux de Pénélope annonce à son compagnon qu'il a trouvé le moyen infaillible de découvrir la vérité ; il engage Diomède à l'attendre. Les officiers viennent prévenir Diomède que les ordres sont exécutés. Bientôt Ulysse revient, tenant un javelot, un superbe bouclier, un casque et une épée : Diomède étonné demande de quelle utilité peuvent être ces objets étrangers à leur but? Ulysse répond qu'il compte plus sur eux que sur tout ce qu'on peut s'imaginer, et il remet à un officier ces différens objets, en lui disant l'emploi qu'il doit en faire. L'officier sort.

SCÈNE II.

La tente s'ouvre et laisse voir la mer et toute la flotte des Grecs. Quelques princes de l'île entrent et annoncent l'arrivée de

Lycomède et de toute la cour. Ulysse et Diomède s'empressent à aller au-devant du roi ; ce dernier se présente, suivi et précédé des princesses. Ulysse, après s'être assuré que celle qu'il a remarquée se trouve dans le cortége, place le roi et toute sa suite sur des gradins préparés à cet effet. Ulysse donne le signal, et la fête commence.

SCENE III.

Des lutteurs, des danseurs et des gladiateurs se présentent : les prix destinés aux vainqueurs sont portés au milieu d'eux. Ulysse, voulant rendre hommage à Lycomède, lui propose d'en être le distributeur mais le roi les remet à Déidamie, et les lutteurs s'approchent et se mesurent. Déjà leurs bras sont entrelacés, leurs yeux s'épient et se menacent : leurs muscles se roidissent et leur courage l'emporte sur leur force. Si, tour-à-tour, par ruse ils se baissent, ils se relèvent bientôt

par

par adresse, et les différens efforts qu'ils font successivement, captivent l'attention et l'intérêt des spectateurs. Achille ne perd pas un des mouvemens que font les lutteurs; Ulysse observe tous ceux d'Achille, et Déidamie n'en laisse échapper aucun de ceux d'Ulysse et d'Achille. Enfin l'instant approche où l'un des lutteurs, contraint à céder par l'affaiblissement, non de son courage, mais de ses forces, pose une main sur le pied de son adversaire.... A ce tableau Achille se lève et court à celui-ci pour le défier; mais son amante le gagne de vîtesse, et lui fait entendre qu'il oublie le prix qu'il veut donner au vainqueur; elle lui remet la couronne, et Achille se retenant avec peine, la présente au vainqueur, en regardant le vaincu d'un œil de pitié. Un roulement de tymbales annonce un nouveau combat. Deux gladiateurs se précipitent dans l'arêne et ne tardent pas à se porter les coups les plus meurtriers. Tout ce que l'imagination peut se représenter des effets du courage, de la valeur, de la force, de l'adresse, de la vivacité et de la feinte, se fait voir aux yeux des spectateurs effrayés. La victoire entre eux paraît incertaine; ah! si le fier Achille était armé, il la saurait bientôt fixer! mais son courage est enchaîné et son grand cœur s'en indignerait, si les yeux tendres de Déidamie ne savaient diminuer ses regrets; cependant, l'un des gladiateurs se laisse désarmer et tombe... Son adversaire est prêt à lui arracher la vie, lorsqu'Achille, se levant spontanément, saisit son bras, ramasse le fer, et va s'en servir, quand Déidamie lui présente vivement le sabre, prix du vainqueur, en lui disant qu'il se trompe et que c'est celui-ci qu'il doit offrir: Achille sent son tort, et le répare le mieux qu'il lui est possible.

Il est inutile de dire que cette conduite du fils de Thétis change en certitude les soupçons d'Ulysse, et qu'il se croit sûr d'avoir découvert le vainqueur d'Hector: cependant il n'ose encore annoncer à ses compagnons la fin de ses recherches, et la fête continue. Un guerrier et une amazone se disputent le prix de la danse ; enfin des danses martiales succèdent aux combats des lutteurs, des danseurs et des gladiateurs. Achille en paraît enivré.... Ulysse n'étant point encore satisfait, se décide à faire usage de son stratagème ; il donne un ordre, et à l'instant une foule de soldats, sortant des vaisseaux, apportent sur de riches carreaux tout ce qui peut flatter le goût des jeunes princesses. Ulysse, d'un air respectueux, les invite à faire chacune un choix, en les priant de recevoir ces faibles marques de sa reconnaissance ; il leur fait voir qu'ici, ce sont des bracelets du genre le plus nouveau. Là, de superbes colliers ; plus loin, des voiles de lin le plus fin et de la blancheur la plus éblouissante ; il fait remarquer aussi des thyrses, des cymbales, des flûtes, des lyres, etc., etc. ; Ulysse enfin n'a rien omis de tout ce qui peut occuper et séduire les filles de Lycomède, et surtout ce qui doit être utile à son projet. Plusieurs d'entr'elles se parent de quelques bijoux; d'autres, plus modestes, font résonner, sous leurs doigts délicats, différens instrumens : l'une danse avec un thyrse; une autre, en se grouppant avec une lyre; une autre encore, fait retentir les airs du bruit de ses cymbales, pendant que quelques-unes admirent des bracelets, des guirlandes, des couronnes, des tuniques, et que toutes forment des grouppes aussi variés que le sont les causes qui les provoquent. Déidamie, pendant cette scène, se promène avec Achille, et passe devant chaque soldat. Elle l'engage à faire un choix; mais Achille refuse tous ces dons galans et voluptueux; la lance, le bouclier, le casque et l'épée, se montrent à sa vue : Déidamie s'en aperçoit, et elle l'entraîne précipitamment en regardant Ulysse, qui les observe plus que jamais.... Une corbeille de fleurs sur lesquelles sont deux tourterelles qui serrent de leurs becs un lacs d'amour, fixent le choix de la tendre Déidamie, et elle prend la corbeille. Ulysse se mettant entr'elle et son amant, affecte par ses gestes de lui faire remarquer, et la beauté des fleurs, et le charmant plumage des oiseaux de Vénus; mais son œil est toujours sur Achille.

Déidamie admire ces tourterelles, elle les caresse; et elle se retourne pour les faire voir à son amant; mais, ô coup affreux! Achille profitant du seul moment où Déidamie s'oublie, saute sur le trophée et s'empare de l'épée. Ses yeux s'animent et brillent; sa taille se déploie, ses cheveux se dressent, la gloire se peint sur tous ses traits, et rien ne peut plus l'arrêter, il met le casque en tête, passe son bras dans les courroies du bouclier, et l'épée à la main, Achille semble défier tous les Troyens ensemble. Ulysse ne pouvant plus douter, donne le signal, et un bruit terrible de clairons, de trompettes et d'instrumens guerriers annonce à tous, la découverte du superbe Achille. Sur ce bruit, l'armée se met en bataille, les princesses courent se refugier autour de Lycomède, les colombes s'envolent, Déidamie tombe évanouie, et Ulysse et Diomède, admirant Achille, ont un air triomphant.... Lycomède, furieux d'avoir été le jouet des deux amans, saisit Achille par le bras, et lui fait sentir toute la déloyauté de sa conduite. Quoi! abuser ainsi des droits de l'hospitalité? Quoi! le fils d'une Déesse, déshonorer un roi, un père, un vieillard près de succomber sous le poids des années ? Cette conduite est indigne d'un héros.... Achille confus, et sentant tous ses torts, veut s'excuser; mais Lycomède, pour prouver que ses cheveux blancs n'ont point abattu son courage, tire son épée; et provoquant Achille au combat, il veut qu'après lui avoir ravi l'honneur, il lui ôte aussi la vie. Achille jète au loin les fatales armes qui l'ont trahi, et il embrasse les genoux du respectable vieillard. Déidamie présente son sein à son père qui se retourne effrayé, et Ulysse et Diomède retiennent le bras du roi de Scyros.

SCÈNE IV.

En ce moment, des sons harmonieux et célestes se font entendre, les regards se portent vers le ciel, et l'étonnement se peint sur toutes les physionomies, à la vue d'un nuage qui du haut des cieux descend l'Hymen, l'Amour, les Grâces, les Plaisirs, les Jeux et les Ris; et d'une conque qui, sortant des flots, amène Thétis, ses Nymphes, ses Tritons, etc. Les armes que Vulcain forgea pour Achille sont au milieu de cette conque. Achille, reconnaissant sa mère, se jète dans ses bras. Thétis implore le pardon de la faute commise par son fils. Elle fait entendre à Lycomède qu'elle en est si pénétrée, qu'elle amène le seul remède qui puisse l'effacer à jamais. L'Hymen, conduit par l'Amour, se présente au roi de Scyros, et lui propose d'unir les jeunes amans. Achille et Déidamie se joignent à l'Hymen; Lycomède, en pardonnant à ses enfans, s'empresse d'acquiescer à l'offre honorable que lui fait Thétis. Achille alors arrache ses vêtemens qui trop long-tems ont enchaîné son courage; et, aidé des Grâces, de l'Amour, et de sa chère Déidamie, il s'arme de pied en cap : alors Thétis, Lycomède, et ses Filles, l'Hymen, l'Amour, les Grâces, les Plaisirs et les Ris unissent avec solemnité les deux tendres amans. Achille se jète aux pieds de sa mère qui le serre étroitement dans ses bras, lui donne, en versant des larmes, les derniers baisers maternels; et, toute désespérée d'obéir au décret du destin, elle remonte sur son char.

Une grande partie de l'armée est déjà embarquée, et les voiles sont tendues. Ulysse et Diomède marchent à grands pas, et disent à Achille : NOTRE GÉNÉRAL

VOUS RAPPELLE. Achille se sent ému; mais Déidamie, mais ses graces, et plus encore son amour, le forcent à hésiter. Déidamie, voyant l'incertitude de son époux, fait un effort généreux; elle le serre dans ses bras et lui répète, les larmes aux yeux, que SON GÉNÉRAL LE RAPPELLE. Alors Ulysse conduit Achille dans son vaisseau. Thétis reçoit Déidamie sur son char. Le roi et ses filles restent sur le rivage, et le vaisseau prend le large. Achille tend les bras à sa mère, à son épouse, qui cherchent à dissimuler leurs larmes. En ce moment, Jupiter et tous les dieux se font voir dans l'Olympe : ils admirent l'action héroïque des dignes époux; et tandis que la Victoire tient au dessus de la tête d'Achille une couronne d'immortelles, et que la généralité des personnages est religieusement grouppée, les bras tendus vers les dieux, la toile tombe.

FIN.

www.ingramcontent.com/pod-product-compliance
Lightning Source LLC
LaVergne TN
LVHW020628110826
845149LV00004B/1084

9782019203726